Jooma 2.5
Crea y Administra tus Websites Fácilmente

Autor: Miguel Ángel G. Arias
ISBN: 978-1490464169

ÍNDICE DE CONTENIDOS

Introducción al Diseño Web

Se puede entender el diseño web como la actividad enfocada a la planificación, el diseño y la implementación de sitios y páginas web. Para que un diseño web cumpla a la perfección con los objetivos de mostrar la información de manera adecuada y cuidar la forma en la que ésta se presenta hay que tener en cuenta diferentes factores:

> El acceso a la información debe ser fácilmente accesible, proporcionando al usuario recursos para acceder a todas y cada una de las páginas web de un sitio (navegabilidad).
> La navegación por nuestra página ha de ser cómoda, por lo que nuestra interfaz tiene que ser clara y fácil de usar (usabilidad).
> Analizar y organizar la información, seleccionando la estructura más conveniente para mostrarla (arquitectura).
> Cuidar la interacción del usuario con medios como el audio, imágenes, vídeo, etc. (interactividad).

Generalmente cuando hablamos de diseñar una página web a lo que nos referimos inconscientemente es a desarrollar un sitio web. Un sitio web generalmente está compuesto por varios documentos, o páginas web, organizados jerárquicamente bajo un entorno general definido.

No se debe confundir sitio web con página web. Su principal diferencia radica en el hecho de que una página web es una parte indispensable e indivisible de un sitio web con un nombre de archivo definido, mientras que el término global sitio web hace referencia a los conjuntos de estos elementos denominados páginas web.

El diseño web abarca muchas habilidades y disciplinas en la producción y mantenimiento de sitios web. Las diferentes áreas de diseño web incluyen diseño web gráfico, diseño de interfaz, la edición, incluyendo el código estandarizado y el software propietario, diseño de experiencia de usuario, y la optimización de motor de búsqueda. A menudo muchas personas trabajarán en equipos que cubren diferentes aspectos del proceso de diseño, aunque algunos diseñadores serán capaces de cubrir a todos. Los diseñadores web se espera que tengan un conocimiento sobre la usabilidad y la accesibilidad web.

Marketing y diseño web

El diseño web y el marketing en un sitio web puede identificar lo que funciona para su mercado objetivo. Esto puede ser un grupo de edad o rama particular, por lo que el diseñador debe de conocer las tendencias de la audiencia. Los diseñadores también pueden comprender el tipo de sitio web que se está diseñando, lo que significa, por ejemplo, que un sitio web (B2B) Business-to-Business tendrá consideraciones de diseño que pueden diferir considerablemente de un sitio web de venta al por menor o de entretenimiento. Debería hacerse una cuidadosa consideración para asegurar que la estética o el diseño general de un sitio no choquen con la claridad y la exactitud de los contenidos o la facilidad de navegación web, especialmente en un sitio web B2B. Los diseñadores también pueden considerar la reputación de la empresa o propietario del sitio para asegurarse de que son retratados favorablemente.

Diseño de la experiencia de usuario y diseño de interacción

Una buena navegación por el contenido de un sitio web por parte del usuario, a menudo depende de la comprensión de los usuarios de cómo funciona el sitio web. Esto es parte del diseño de la experiencia del usuario. La experiencia del usuario se refiere a los esquemas, instrucciones claras y etiquetas de una página web. El diseño interactivo del sitio web hará que un usuario entienda mejor de cómo puede interactuar con el sitio web. Si un usuario ve el sitio web como un sitio útil, tendrá más probabilidades de que el usuario siga usando su sitio web. Sin embargo, los usuarios con menos experiencia son menos propensos a ver las ventajas y la utilidad de una interfaz web menos intuitiva. Esto lleva a la tendencia para crear una experiencia de usuario más universal y de más fácil acceso para dar cabida a la mayor cantidad de usuarios posible, independientemente de la habilidad del usuario. Gran parte del diseño de la experiencia de usuario y del diseño de interacción se consideran en el diseño de la interfaz de usuario.

Las funciones interactivas avanzadas pueden requerir de la instalación de plug-ins, como el Adobe Flash Player. Elegir si desea o no utilizar la interactividad que requiere plug-ins es una decisión crítica en el diseño de la experiencia del usuario. Si el plug-in no viene pre-instalado con la mayoría de navegadores, hay un riesgo de que el usuario no sepa que hacer para poder visualizar el contenido del sitio web, y lo normal es que el usuario no tenga la paciencia para instalar un plug-in el sólo para acceder al contenido. También hay un riesgo de que la interactividad avanzada pueda ser incompatible con los navegadores más antiguos o configuraciones de hardware. La publicación de una función que no funciona correctamente es potencialmente peor para la experiencia del usuario que no hacer ningún esfuerzo.

Diseño de página

Parte del diseño de la interfaz de usuario se ve afectada por la calidad del diseño de la página. Por ejemplo, un diseñador puede considerar sobre el diseño de la página si los elementos de esta deben permanecer consistentes en diferentes páginas cuando se diseña la posición de los elementos sobre la página web. El ancho de página también puede considerarse vital para alinear objetos en el diseño para una o más posiciones. Los sitios web más populares tienen generalmente el mismo ancho para que coincida con la ventana del navegador actual más popular, con la resolución de la pantalla actual más popular, con el tamaño del monitor actual más popular. La mayoría de las páginas están también alineadas hacia el centro.

Un diseño puede estar dividido en objetos (barras laterales, bloques de contenido, áreas de publicidad incrustadas, áreas de navegación) que se envía al navegador y que se encaja en la ventana de la pantalla por el navegador. A medida que el navegador reconoce los detalles de la pantalla del lector (tamaño de la ventana, el tamaño de fuente relativo a la ventana, etc), el navegador puede hacer ajustes específicos sobre el diseño para los usuarios y que estos sean diseños fluidos. Aunque tal despliegue a menudo puede cambiar la posición relativa de los objetos de contenido importantes, las barras laterales pueden desplazarse a lo largo de la página para ver la continuación el texto en el cuerpo de la página. En particular, la posición relativa de los bloques de contenido puede cambiar mientras que deja el contenido dentro del bloque afectado. Esto también minimiza la necesidad del usuario para desplazarse horizontalmente la página.

El Diseño Web Sensible es un nuevo enfoque, basado en CSS3, y un mayor nivel de especificación por dispositivo dentro de los estilos de la página a través de un mayor uso de las CSS.

Tipografía

Los diseñadores web pueden optar por limitar la variedad de tipos de letra de los sitios web usando sólo unos pocos que sean de un estilo similar, en lugar de utilizar una amplia gama de tipos de letra. La mayoría de los navegadores reconocen un número determinado de fuentes, que los diseñadores utilizan principalmente para evitar complicaciones.

Gráficos en movimiento

El diseño de página y de interfaz de usuario también puede verse afectada por el uso de gráficos en movimiento. La elección de si desea o no utilizar gráficos en movimiento puede depender del mercado objetivo de la página web. Los gráficos en movimiento pueden ser esperados o por lo menos mejor recibidos en un sitio web orientado al entretenimiento. Sin embargo, un sitio web público objetivo con un interés más serio o formal (por ejemplo, empresas, comunidades o gobiernos) podrían encontrar las animaciones como un elemento innecesario y molesto aunque sólo sea para fines de entretenimiento o decoración. Esto no quiere decir que el contenido más delicado no pueda ser mejorado con presentaciones animadas o de vídeo que sean relevantes para el contenido. En cualquier caso, el diseño gráfico de movimiento puede crear la diferencia entre elementos visuales más eficaces o imágenes que distraen.

Calidad de código

Diseñadores web pueden considerar esto como una buena práctica para cumplir con las normas. Esto se hace generalmente a través de una descripción que precise lo que cada elemento de la página web está haciendo. Las normas deben relacionarse con el diseño correcto de las páginas para facilitar la lectura y el desarrollo de elementos codificados que se cierran adecuadamente. Esto incluye errores en el código, un diseño más organizado para el código, y hacer identificaciones seguras y las clases que se identifican correctamente.

Introducción al CMS Joomla

¿Qué es un CMS?

Un Sistema de Gestión de Contenidos (**CMS**) es un programa informático que permite la publicación, edición y modificación de contenido, así como el mantenimiento de una interfaz central. Estos sistemas de gestión de contenidos proporcionan procedimientos para la gestión del flujo de trabajo en un entorno colaborativo. Estos procedimientos pueden ser pasos manuales o un proceso automatizado.

Las plataformas CMS permiten a los usuarios centralizar los datos de la edición, publicación y modificación en una sola interfaz de back-end. Las plataformas CMS se utilizan a menudo como software de blog.

La función principal de los sistemas de gestión de contenidos es presentar la información en los sitios web. Las características de los CMS pueden variar ampliamente de un sistema a otro. Los sistemas simples podrán mostrar un puñado de características, mientras que otras versiones, en especial los sistemas orientados a las empresas, ofrecen funciones más complejas y de gran alcance. La mayoría de los CMS están basados en Web e incluyen la edición, gestión de formatos, control de revisión (control de versiones), indexación, búsqueda y recuperación de información. Un CMS puede servir como un repositorio central que contiene documentos, películas, fotos, números de teléfono, datos científicos. Los CMSs se pueden utilizar para almacenar, controlar, revisar, enriquecer semánticamente y publicar documentación.

Un sistema de gestión de contenido web (**web CMS**) es una aplicación independiente para crear, gestionar, almacenar y distribuir el contenido de las páginas Web. El contenido Web incluye texto y gráficos incrustados, fotos, video, audio, y el código que muestra el contenido o interactúa con el usuario. Los CMS Web suelen permitir el control del cliente sobre el contenido basado en HTML, archivos, documentos y planes de alojamiento web basado en la profundidad del sistema y el nicho al que sirve.

los componente de gestión de contenidos (CCMS) pueden ser reutilizados (en lugar de copiar y pegar) dentro de otro documento o en varios documentos. Esto asegura que el contenido sea coherente en el conjunto de documentación.

Un sistema de gestión de contenido empresarial (ECM) organiza los documentos, contactos y registros relacionados con los procesos de una organización comercial. El contenido de las estructuras de la empresa, su información y formatos de archivo, gestiona lugares, agiliza el acceso mediante la eliminación de cuellos de botella y optimiza la seguridad y la integridad.

Distinguir entre los conceptos básicos del usuario y el contenido, el sistema de gestión de contenidos (CMS) tiene dos elementos:

> El **Back-end**: que es donde el administrador del sitio web hace todas sus operaciones de gestión y administración del sitio web, tales como edición, modificación, publicación, etc. De contenidos.

> El **Front-end**: es la parte que se muestra al usuario, es el sitio web en sí que pueden ver los usuarios. Por decirlo de una manera sencilla, los cambios que se hagan en el Back-end se reflejarán en el Front-end.

¿Qué es Joomla!?

Joomla es un Sistema de Gestión de Contenidos (**CMS**) libre y de código abierto para la publicación de contenidos en la World Wide Web e intranets y tiene un modelo-vista-controlador (MVC) de aplicaciones web que también puede ser utilizado de forma independiente.

Joomla está escrito en PHP, utiliza la programación orientada a objetos (POO) y los patrones de diseño de software, almacena los datos en una Base de Datos MySQL e incluye características tales como el almacenamiento en caché de la página, feeds RSS, versiones imprimibles de páginas, flashes de noticias, blogs, encuestas, búsqueda, y apoyo a la internacionalización del lenguaje.

En marzo de 2012, Joomla ha sido descargado más de 30 millones de veces. Joomla tiene más de 10.000 extensiones libres y comerciales que están disponibles en el Directorio de Extensiones oficial de Joomla!, y más que están disponibles en otros sitios web. Se estima que es el segundo CMS más utilizado en Internet después de WordPress.

Hace años, si necesitaba un sitio web, la única opción era contratar a un estudio profesional de programadores o diseñadores gráficos para poder construirlo y tenía que depender plenamente en ellos para mantenerlo. Pero ahora, con el auge del software libre y de código abierto, ya puede construir fácilmente un sitio web usted mismo mediante el Sistema de Gestión de Contenidos (CMS). Hay varios CMS muy completos, pero el más adecuado para un sitio web pequeño o mediano es Joomla.

En este paso usted tendrá una breve introducción a Joomla y lo que está hecho.

Joomla es un software libre basado en web que le permite crear y administrar sitios web. Usted puede controlar:

1. Contenido del sitio web, como textos, fotos, videos, etc
2. La apariencia del Sitio Web mediante el uso de plantillas
3. Funcionalidades Web mediante la utilización de extensiones.
Hay dos partes del sistema: front-end y back-end.

El front-end

Front-end es lo que la gente ve cuando tienen acceso a su sitio web. Normalmente, es el logotipo, barra de menús, en la columna lateral y el texto principal envuelto en un diseño fresco y atractivo.

The website front-end

Viewing article at front-end

El back-end

Back-end es el área de administración donde puede controlar su sitio web. El acceso se realiza a través especial la página de acceso y sólo para los usuarios con permiso especial.

Editing article at back-end

¿Que podemos hacer con Joomla?

Ahora, vamos a explorar las partes principales de Joomla!

Contenido

En Joomla, el contenido se compone de artículos, categorías y medios de comunicación.

Artículos

Los artículos son las piedras angulares de un sitio web Joomla. En el front-end es fácil reconocer un artículo como un fragmento de texto con imágenes presentadas en el área de la página principal.

Para ello, los artículos se gestionan de **"Gestor de Artículos"** accesible a través del menú **"Contenido"** => **"Gestor de Artículos"**.

Aquí, usted puede crear nuevos artículos, editarlos, decide si publicar o anular la publicación, etc.

Categorías

Categorías ayudará a organizar sus artículos con mayor comodidad. Usted puede imaginar categorías como carpetas que contienen los archivos. Por ejemplo, la categoría "Productos" puede contener todos los artículos sobre sus productos. O, la categoría "Quiénes somos" puede contener artículos como "Nuestra empresa", "nuestra visión", "Junta Directiva", etcétera

En el fondo, las categorías se logró en "**Gestor de Categorías**" accesible a través del menú "**Contenido**" => "**Gestor de Categorías**".

Aquí, puede crear nuevas categorías, editarlas, decide publicar o anular la publicación, etc

Medios

Los medios son aquellos elementos que no son texto y que se puede poner en tu sitio. Estos elementos pueden ser imágenes, vídeos y otros elementos multimedia.

Los medios de comunicación se manejan en "**Gestor de Medios**" accesible a través del menú "**Contenido**" => "**Gestor de Medios**".

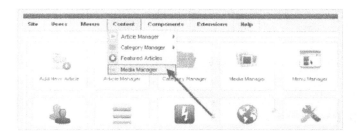

Aquí, usted puede crear la carpeta de los nuevos medios, subir archivos, etc. Vamos a discutir más sobre cómo utilizar el Gestor de Medios en el capítulo Crear contenido para su sitio Joomla.

Menús

Los Menús ayudan a los visitantes del sitio a navegar y a ver todas las partes de la web.
Puede crear varios menús y configurarlos para que se muestren en diferentes lugares, tales como la barra de menú principal y una columna lateral.

En el ejemplo anterior, el administrador crea dos menús:

1. El Menú "Sobre Joomla! " con varios elementos de menú "Introducción", "Uso de Joomla! ", etcétera.

2. El Menú "Este sitio" con varios elementos de menú "Home", "Mapa del sitio", "Login", "Sitios de ejemplo", etcétera. Para controlar los menús, vaya al menú "**Menús**" => "**Gestor de Menu**".

Aquí usted puede crear menús y elementos de menú a cualquier parte de la página web que desee. Cuando el menú está listo se necesita Crear un módulo de menú para presentarlo en front-end.

Usuarios

Joomla le permite a su sitio web para tener múltiples usuarios registrados.

Todos los usuarios se organizan en grupos de usuarios que tienen permiso de acceso a cierta parte de la página web. Por defecto hay varios grupos de usuarios, como "Autor", "Editor", "editorial", etc. Por ejemplo:

- Los usuarios asignados a "Administrador" grupo puede trabajar tanto en back-end y front-end
- Los usuarios asignados a "Registrado" grupo puede trabajar sólo en el front-end. Puede administrar usuarios, grupos de usuarios y niveles de acceso en el menú "Usuarios".

Extensiones

Las extensiones son aplicaciones escritas para ser conectadas a Joomla con el fin de ampliar la funcionalidad de un sitio web. Por ejemplo, si usted quiere tener una presentación de fotos, galería de vídeos o una forma avanzada de contactos, entonces usted tendrá que para instalar extensiones para esos fines.

Por defecto, Joomla se distribuye con varias extensiones que cubren las necesidades básicas. Si quieres más, hay miles de adicional Joomla extensiones disponible en Directorio de Extensiones Joomla. Este es el directorio oficial de extensiones Joomla mantenido por el equipo de Joomla.

http://extensions.joomla.org

Hay 5 tipos básicos de extensiones: componentes, módulos, plug-ins, la plantilla y el idioma. Cada uno de estas extensiones maneja una funcionalidad específica.

Componente

Componente es el tipo más complejo de extensión. Se puede ver como una aplicación que realiza ciertas tareas y mostrar el contenido específico en su sitio. Como se ha mencionado antes, una galería de vídeo es un ejemplo de un componente. Además de eso, puede ser un carrito de compras, sistema de reservas, foro y mucho más.

El contenido producido por un componente se muestra en el área de la página principal. En el ejemplo anterior, se puede ver la lista generada por el componente "Newsfeeds".

Todos los componentes se encuentran en la sección **"Componentes"**.

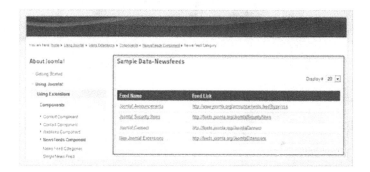

Por defecto, Joomla se suministra con los siguientes componentes: "Banners", "Contactos", "Mensajes", "Noticias"," Redirección "," Búsqueda " y "Enlaces web".

Módulo

Los Módulos tienen funciones similares a las de los componentes, pero en menor escala. Se lleva a cabo tareas simples y el contenido se muestra como pequeños bloques que cuelgan alrededor de la página.

Los ejemplos de módulo pueden ser un cuadro de búsqueda, el formulario de inicio de sesión, el menú, la información de copyright pie de página, etc. En muchos casos, los módulos están trabajando en conjunto con el componente de presentación de contenido. Por ejemplo, un componente carro de la compra que se utiliza para gestionar los productos y un módulo para mostrar los productos top.

Todos los módulos se gestionan de "**Extensiones**" => "**Gestor de Módulos**".

Module Manager at the back-end

Plantillas

Plantilla es la presentación gráfica de su sitio web. Determina el diseño, colores, tipos de gráficos, y otros aspectos del diseño que hacen que su sitio sea único.

En general, la plantilla se compone de tres elementos:
• Elementos gráficos estáticos, como imágenes de fondo, decoración de diseño, logotipo, etc.
• Área de contenido principal presentar los datos generados por el componente.
• Múltiples posiciones de módulo para mostrar contenido que se presenta en módulos.

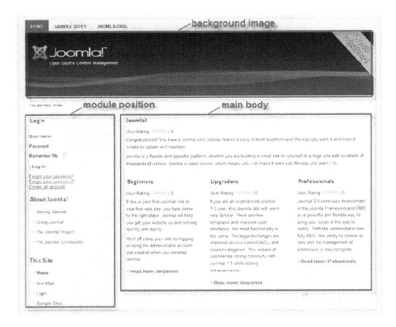

Aquí hay algunos ejemplos más de la plantilla:

Usted puede controlar las plantillas a través del menú
"Extensiones" => **"Gestor de Plantillas"**.

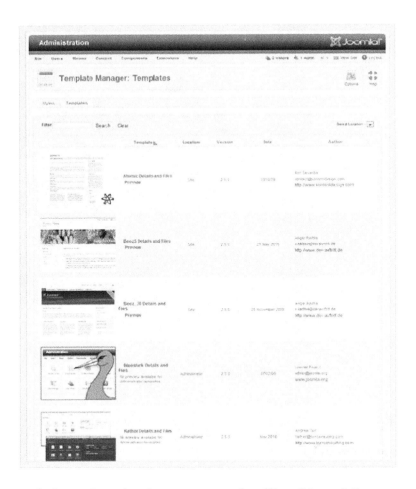

Por defecto, Joomla viene con tres plantillas: "Atomic", "Beez_20" y "Beez5". Pero hay miles de plantillas disponibles tanto gratuitas como comerciales, por lo que definitivamente se puede elegir entre muchos tipos de diseño.

Plug-in

El Plug-in está diseñado para mostrar contenido dentro de los componentes y módulos. Además, el plug-in puede realizar tareas en determinados puntos durante la carga de página web. Usted puede pensar en plug-in como una forma más versátil para interactuar con el sistema.

En este ejemplo de plug-in puede ver que tiene la funcionalidad de votación en los artículos y la "Leer más ..." que es el botón de pie debajo de artículos.

Todos los plug-ins se gestionan de **"Extensiones"** => **"Gestor de Plug-ins"**.

En la comunidad de Joomla! 2.5, en el paquete principal, los plug-ins se dividen en once categorías diferentes: "Autenticación", "captcha", "contenido", "editores", "editor-XTD", "extensión", "buscador", "quickicon", "buscar", "sistema" y "Usuario".

Idiomas

Idioma le permite ejecutar su sitio en más de un idioma. Por ejemplo, desea utilizar el francés para su sitio Joomla. Sólo tienes que descargar los paquetes de traducción de francés Joomla

Extensión Directorio de los Idiomas luego instalarlas con el "Gestor de Extensiones".

Los dos idiomas instalados se muestran en la "Gestor de Idiomas" En el back-end.

A Continuación…
Vamos a instalar Joomla 2.5.x en el host local y vamos a dar una vuelta de prueba.

Instalar Joomla 2.5.x en host local

La instalación de Joomla 2.5.x en el host local es fácil, pero puede resultar complicado la primera vez. Así que en este paso se hará con las instrucciones precisas para comenzar desde el principio.

En primer lugar, vamos a dejar claro el significado de "Localhost". Como ustedes saben, cualquier sitio web tiene que ser alojado en un servidor web con el fin de poder mostrarse publicamente a los usuarios. Normalmente, usted tendrá que comprar un paquete de alojamiento de algún proveedor de hosting como GoDaddy. Dependiendo del paquete que usted elija, el proveedor de alojamiento instalará un servidor web para usted en algunas de sus máquinas servidor. Así, localhost es básicamente el mismo servidor web pero instalado en su propio equipo.

Ahora, con el fin de ejecutar Joomla, usted no necesita servidor web, sino más bien dos cosas: un intérprete de scripts de PHP y un sistema de base de datos MySQL. Suena complicado, pero afortunadamente, hay un solo paquete llamado XAMPP con todos los elementos incluidos.

Instalar XAMPP en el equipo.

Instalar XAMPP
1. Descargue el paquete de instalación en XAMPP http://www.apachefriends.org/en/xampp.html
2. Ejecute el archivo de instalación como lo hace con el software habitual y siga las instrucciones paso a paso.
3. Una vez instalado, abra el "Panel de Control XAMPP" e Inicie "Apache" y "MySQL".

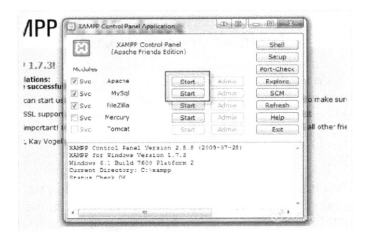

Eso es todo, tu host local ya está instalado. Puede comprobar si funciona o no, escriba la dirección "Http://localhost" en su navegador web y ver una página como abajo.

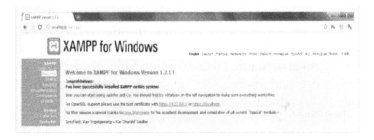

XAMPP for Windows interface

Ahora ya está listo para instalar Joomla.

Instalación de Joomla

1. Descargue el paquete completo de Joomla 2.5.x en http://www.joomla.org/download.html

2. Cree una nueva carpeta titulada "Joomla25" en la carpeta "Htdocs" en la carpeta XAMPP. Normalmente será situado en "C:\xampp\htdocs"

3. Descomprimir el archivo del paquete descargado en la carpeta "Joomla25"

4. Ir a la URL Http://localhost/joomla25

5. Siga todos los pasos de instalación de Joomla:

a. **Paso 1**. Idioma: Elija su propio idioma, por ejemplo, "**Inglés (Estados Unidos)**" y luego haga clic en el botón "**Next**"

b. **Paso 2**. Previa a la instalación: Si todas las condiciones previas que se comprueban resultan igual a "**Sí**", usted puede tomar los siguientes pasos. Si al menos una condición que es comprobada resulta igual a "**No**", por favor, encuentre el problema y soluciónelo para continuar con la instalación.

c. **Paso 3**. Licencia: Lea la licencia **GNU / GPL v2**, a continuación, haga clic en el botón "**Next**". Puede omitir esto si usted es ya está familiarizado con esta licencia.

d. **Paso 4**. Base de datos: Entrada de datos relacionados con su base de datos:

- **Nombre de host**: localhost
- **Nombre de Usuario**: root
- **Contraseña**: dejar en blanco si no ha configurado la contraseña de base de datos
- **Nombre de Base de datos**: joomla25

e. **Paso 5. Configuración del FTP**: Puede saltarse este paso.

f. **Paso 6**. Configuración: Entrada de parámetros que mencionan su Página Web:

- **Nombre del sitio**: nombre de su sitio web
- **Su e-mail**: e-mail
- **Nombre de usuario Admin**: su nombre de usuario admin, como administración
- **Contraseña de administrador**: la contraseña de administrador, como administración
- **Confirmar la contraseña de administrador**: escriba la contraseña de administrador de nuevo.

Hay un botón "Instalar datos de ejemplo", pero que no lo pulse. Vamos a construir un sitio web desde cero con nuestro propio contenido.

g. **Paso 7. Terminar**: Este es el último paso. Aquí sólo tiene que hacer clic en el botón "**Eliminar carpeta de instalación**" para completar el proceso de instalación. Después de eso, puede hacer clic en "**Sitio**" para ver a su recién creado o "**Administrador**" para acceder a la zona de administración.

Ahora tiene su primer sitio Joomla instalado con éxito! No es demasiado difícil, ¿verdad? Bueno, si usted tiene algún problema con el proceso de instalación, puede tratar de encontrar respuesta en las siguientes fuentes:

• Oficial foro Joomla

El foro de Joomla es uno de los más concurridos foros de soporte (y más amable) en el mundo, y es un gran lugar para conseguir ayuda de otros usuarios Joomla!. Hay un montón de preguntas y respuestas que se discuten aquí. Debido a que nuestro tema es acerca de la instalación de Joomla 2.5, usted puede encontrar ayuda en la categoría "La instalación de Joomla 2.5".

• Joomla ayuda en vivo (http://joomla.cmshelplive.com/)

Este sitio web le brinda un servicio se soporte on-demand para Joomla. Por supuesto, usted tiene que pagar dinero por el servicio, pero el problema será solucionado por expertos en Joomla.

• Otros recursos de aprendizaje Joomla Hay muchos otros sitios web que usted puede recabar información sobre Joomla:

• http:// Docs.joomla.org / Principiantes
• http://www.joomlatutorials.com
• http://www.joomlablogger.net
• http://www.howtojoomla.net
• http://www.tutorialjoomla.net

Crear contenido para su sitio Joomla

El propósito principal de un sitio web es proporcionar alguna información a los visitantes. Así que es indudable, que los contenidos son el elemento más importante de cada página web.

En este paso, usted podrá:
1. Preparar la estructura del contenido
2. Crear categorías y artículos
3. Crear el menú

Preparación de la estructura del contenido

Al construir una página web, utilizamos muchos archivos: imágenes, sonidos, documentos html... Uno de los aspectos más delicados a la hora de producir una página web es organizar todos los ficheros, de manera que los tengamos localizados para poder modificarlos, cambiarlos o añadir nuevos de manera fácil y rápida. Es importante que antes de empezar a producir nuestra página, dediquemos unos minutos a pensar cómo los organizaremos.

La creación de contenido es como disponer los productos en una tienda de comestibles. En Joomla, artículos son similares a los productos, las categorías son como los productos de los estantes de cabecera y los menús son como los pasillos de los estantes. Ahora, imaginemos que tengamos un sitio web vendiendo cosas de lujo.

La estructura de contenido puede tener un aspecto como el siguiente:
1. Sobre
   a. Acerca de mi sitio web
   b. Cómo comprar / ordenar productos
   c. Cómo hacer el pago
2. Noticias
   a. Últimas noticias
   b. Llegadas

    c.   Venta
    d.   Cupones
    e.   Promoción
3. Ayuda
    a.   Información
    b.   Los servicios en línea de los clientes
    c.   Contáctenos

La creación de contenido

Ahora, cuando la estructura de contenidos está listo en el papel, es el momento para reflexionar en Joomla. Vamos a empezar con la creación de categorías.

Categorías

1. Ir a "**Contenido**" => "**Gestor de Categorías** " y haga clic en el botón "**Nuevo**" en la barra de herramientas.

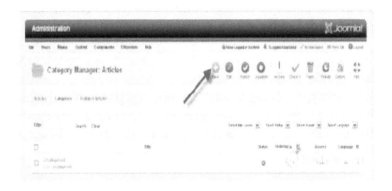

2. En el título de la categoría ponemos "**Acerca de**" y hacemos clic en el botón "**Guardar**" en la barra de herramientas.

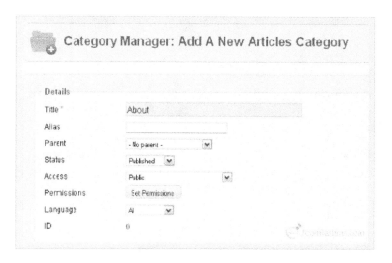

Después de guardar, se puede ver que la nueva categoría "Acerca de" apareció en el **Administrador de Categoría**.

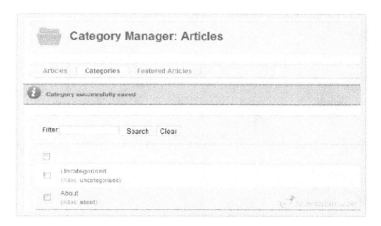

A mayores se han creado 6 categorías más para poder poner artículos en ellas.

Artículos

Vamos a añadir un nuevo artículo en la categoría "Acerca de mi sitio".

1. Ir a "**Contenido**" => "**Gestor de Artículos**" y haga clic en "**Nuevo**" en la barra de herramientas.

2. Después, necesitará configurar 3 parámetros:
- Título: Entrada "Acerca de mi sitio".
- Categoría: Seleccione la categoría "Acerca de mi sitio" de la lista.
- Texto del Artículo: Entrada de contenido del artículo.

Ahora, vamos a suponer que tiene un artículo con texto sin formato. Más adelante, en la sección Hacer artículos buenos vamos a discutir más sobre cómo crear artículo con contenido enriquecido.

3. Cuando termine, haga clic en el botón "**Guardar y Cerrar**" en la barra de herramientas para guardar su nuevo artículo.

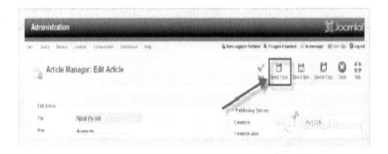

Ahora, ya tiene un nuevo artículo en el Gestor de artículos.

Ahora puede crear de la misma manera otros 2 artículos "Cómo comprar / ordenar productos" y "Cómo hacer pago " en la categoría "Acerca de mi sitio".

Ahora, después de completar el proceso de creación de contenidos, hay una última cosa que hacer: crear el elemento de menú con enlaces a los artículos.

Menú

En Joomla, el menú es una colección de enlaces a ciertos elementos de la web como artículos, módulos, etc. En el back-end todos los menús se encuentran en la sección "Menús". Por defecto, Joomla se entrega con menú "Menú Principal".

Vamos a añadir nuevos elementos de menú en el menú "**Menú Principal**".

1. Haga clic en el "**Menú Principal**".

2. A continuación, haga clic en el botón "**Nuevo**" crear nuevo elemento de menú.

A continuación, haga clic en el botón "**Seleccionar**" para elegir el tipo de elemento del menú.

Select menu item type

4. Ahora, se mostrará arriba una pantalla pop-up. Hay muchos elementos diferentes a los que usted puede crear un enlace, como "**Contactos**", "**Artículos**", "**Noticias**", "**Buscar**" y así sucesivamente. Aquí es necesario crear un enlace a un artículo, por lo que hacer clic en "**Artículo Único**".

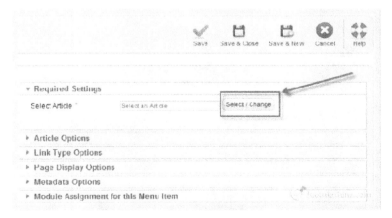

5. Después, tendrá que ponerle un título en el **"Título de Menú"**, por ejemplo "Acerca de mi sitio".

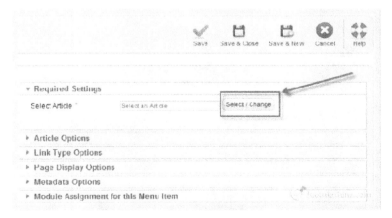

6. A continuación, usted tiene que elegir el artículo que desea mostrar. En la esquina derecha de la pantalla, haga clic en el botón **"Seleccionar / Cambiar "** para seleccionar el artículo.

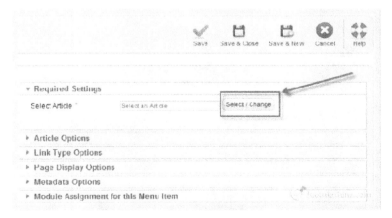

7. Aparecerá una pantalla pop-up, seleccione el artículo "Acerca de mi sitio".

8. Por último, haga clic en el botón "Guardar" o "Guardar & Cerrar " para terminar

Después de eso, puede crear enlaces del menú a los otros 2 artículos "Cómo comprar / ordenar productos" y "Cómo hacer un pago".

Ahora, usted puede ir para el front-end y ver el resultado.

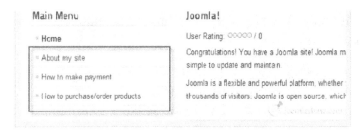

The new articles in main menu

Al hacer clic en cada enlace, podrás ver el artículo correspondiente.

Ahora puede repetir los mismos pasos para crear enlaces a todos los artículos necesarios.

Creación de Objetos con estética Atractiva

Ahora, usted ya sabe cómo crear el artículo. Es hora de ir poco hacia adelante y crear un artículo atractivo. Hay varias técnicas tales como: dar formato al texto, añadir imágenes, enlaces, etc

Formateo de texto

Si ha trabajado con Microsoft Word o cualquier otro procesador de texto diferente, entonces el formato de texto en Joomla le será familiar. Aunque, es mucho más simple que

Microsoft Word, ya que sólo hay un formato de texto básico y pocas opciones.

Vamos a ir al Gestor de Artículos y haga clic en el artículo "Acerca de mi sitio" para abrirlo. Ahora verá el área de edición del artículo. Este es el lugar donde se edita su artículo:

Echa un vistazo a las opciones de formato, la mayoría de los iconos son muy familiares, con iconos para que el texto en negrita, cursiva o subrayado y los iconos para alinear el texto. Sólo tienes que seleccionar el texto al que desea dar estilo y haga clic en el icono.

Puede crear títulos de diferentes niveles en el texto, seleccione el texto al que desea dar estilo y haga clic en el menú desplegable "**Párrafo**", luego desplácese hacia abajo en el menú desplegable y elija un título adecuado del "**Título 1**" al "**Título 6**".

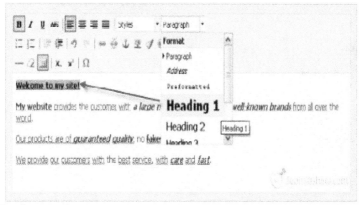

Añadir imágenes

En primer lugar, debe organizar las imágenes en una carpeta determinada antes de añadirlos a los artículos.

Creación de carpetas de imágenes
1. Ir a "**Contenido**" => "**Gestor de Medios**"
2. Introduzca el nombre de la carpeta y haga clic en el botón "**Crear carpeta**".

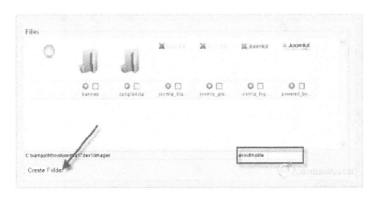

Ahora tiene la nueva carpeta en el Administrador de Medios.

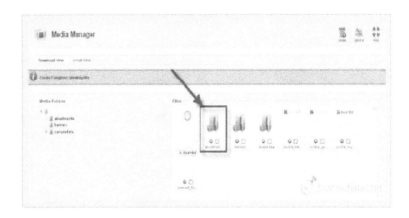

Cargar imágenes

Ahora, es el momento de subir las imágenes a la nueva categoría creada "Aboutmysite".

1. Haga clic en la carpeta "Aboutmysite", y luego haga clic en el botón "**Examinar...**"

2. Seleccione el archivo de imagen que desea cargar. En este momento solo un archivo puede ser seleccionado a la vez, pero más adelante le mostraremos cómo seleccionar varios archivos a la vez.

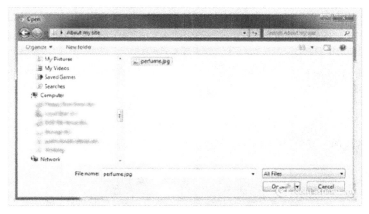

Select image file

Haga clic en el botón "**Start Upload**" para cargar la imagen.

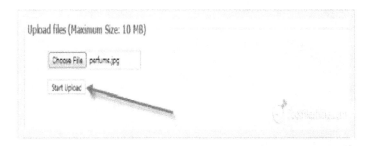

Ahora, su nueva imagen aparecerá cargada en la categoría "Aboutmysite"

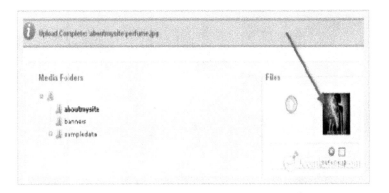

Con esta forma de publicar, sólo te permite subir una foto cada vez, así que te llevará un montón de tiempo y esfuerzo para hacer lo mismo con imágenes de otros. Por suerte hay otro método para cargar varios archivos **con el Cargador de Flash**. Vamos a echar un vistazo:

1. En el **Gestor de Medios**, haga clic en el botón "**Opciones**" en la barra de herramientas.

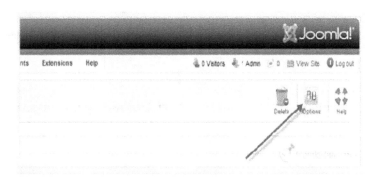

Click the button "Options"

2. En la ventana "**Opciones del Administrador de Medios**", abra la pestaña "**Componente**", ajustar el parámetro "**Activar cargador Flash**" a "**Sí**" para permitir el cargador de flash y haga clic en "**Guardar y Cerrar**".

3. Vuelve a la pantalla principal. Debe quedar como la siguiente imagen. Ahora puede hacer clic en "Buscar archivos" para subir varias imágenes al mismo tiempo.

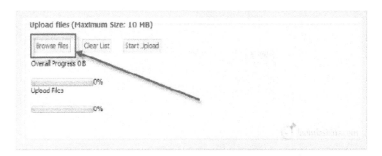

4. Seleccione varios archivos. También puede utilizar el cursor del ratón para marcar todos los archivos o pulsar la tecla "CTRL" e ir seleccionando los archivos individualmente que desea seleccionar para cargarlos.

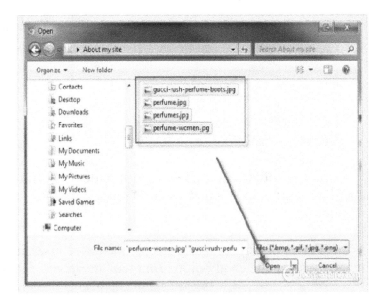

5. Haga clic en el botón "**Start Upload**" y espere hasta que el proceso de carga se halla completado.

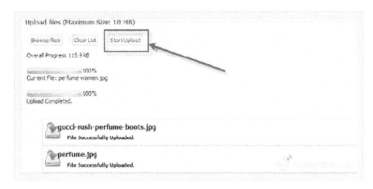

Uploading images

Ahora ya tienes las imágenes en la categoría.

Añadir imágenes al artículo

Una vez subidas las imágenes al servidor, es el momento de añadirlas al artículo. Vamos a usar el mismo artículo "Acerca de mi sitio".

1. Ponga el cursor en el punto donde desee insertar una imagen y haga clic en el botón **"Imagen"** de debajo del artículo.

2. Seleccione la imagen que desee insertar.

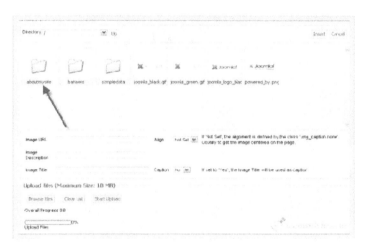

3. Complete los parámetros de **Descripción** de la imagen y **Título** de imagen que describen la imagen y haga clic en el botón "Insertar" en la parte superior de la pantalla para terminar la inserción de imágenes.

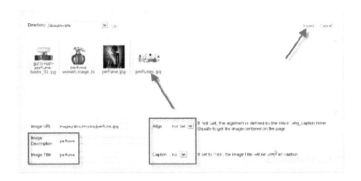

4. Vuelva a comprobar cómo la imagen se inserta en el artículo.

En este paso, si usted cree que la imagen es demasiado grande o demasiado pequeña y desea cambiar sus dimensiones, alineación, etc. Puede hacer clic en la primera imagen y, a continuación, haga clic en el botón "**Insertar / editar imagen**" y luego en las opciones de formato del artículo para poder editarlo.

The button to edit/insert image

Aparecerá arriba una pantalla pop-up. Aquí, usted puede editar la imagen que desee. Por ejemplo, vamos a cambiar las dimensiones y alineación de esta imagen, a continuación, haga clic en el botón "**Update**" para que los cambios surjan efecto.

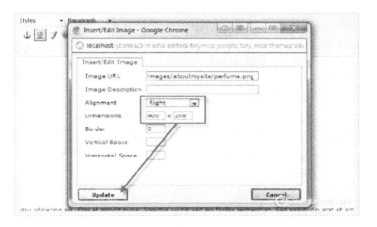

Haga clic en el botón "**Guardar y Cerrar**" en la barra de herramientas del Gestor de artículos y vaya a la página para ver tu artículo con la nueva imagen.

Añadir enlaces

Añadir enlaces internos

Una situación muy común es cuando se necesitan crear enlaces internos entre artículos. Estos enlaces no sólo son útiles para los usuarios para navegar por el contenido, sino que también son buenos para el SEO.

Vamos a ver cómo crear un enlace interno dentro de artículo.
1. Abra el artículo al que desea añadir enlaces internos
2. Seleccione el texto que desea estar vinculado
3. Haga clic en el botón "**Artículo**" situado debajo del editor de artículos

4. Ahora verá una ventana emergente con la lista de todos sus artículos. Encuentra el artículo al que desea establecer el vínculo, a continuación, haga clic en su título.

Select appropriate article

Como resultado, el título del artículo seleccionado se utiliza como texto del enlace.

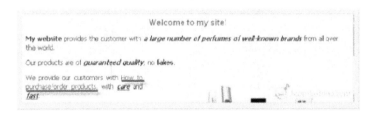

Puede cambiar el texto del vínculo como texto normal.

5. Ahora haga clic en el botón **"Guardar"** y vaya a su sitio para ver el artículo con el nuevo enlace.

Si desea editar un enlace, simplemente selecciónela y haga clic en el icono "**Insertar / editar enlace**" como se muestra a continuación.

O bien, puede eliminar el enlace del texto mediante el icono "**Desvincular**".

Unlink the article

Añadir enlaces externos

En la sección anterior, aprendió cómo crear enlaces internos, es decir, los que vinculan a los artículos en su sitio web. En esta sección, verá cómo crear enlaces externos a páginas de Internet.

1. Seleccione el texto que desea vincular a una web externa, luego haga clic en el icono "**Insertar / editar enlace**".

Una ventana pop-up aparecerá como a continuación:

2. Ahora tenemos que establecer los 4 valores de los parámetros que nos solicitan a continuación:

- **Enlace URL**: El destino al que desea crear un enlace
- **Objetivo**: Hay dos opciones para que usted elija: "**Abrir el enlace en la misma ventana**" y "**Abrir enlace en una nueva ventana**" (Cuando lo dejas "No establecido", el enlace se abrirá en la misma ventana)
- **Título**: Texto breve que describe el vínculo

- **Clase**: Puede ponerlo en "No establecido" (Las otras dos opciones son "Subtítulo" y "Sistema Salto de página")

3. Haga clic en el botón "**Insertar**" para insertar el enlace. Después de eso, se puede ver que su texto está vinculado a la página web externa

The linked text

Añadir "Salto de página" y "Leer Más"

En el caso de tener un artículo largo, tendrá que dividir el artículo en secciones pequeñas y separadas. Con Joomla, usted tiene dos opciones para ayudar a los lectores leer los artículos más fácilmente.

1. Salto de página
Este elemento divide un artículo en páginas separadas como Página 1, Página 2, Página 3, etc… los saltos de página son ideales para artículos muy largos.

2. Leer más
Este elemento divide un único artículo completo en un texto teaser y el resto del artículo. Si desea leer el resto del artículo, usted tiene que hacer clic en el enlace "Leer Más".

Añadir el "Salto de página"

1. Ponga el cursor de texto en la posición donde desea dividir el artículo.

2. Haga clic en el botón "Salto de página" debajo del editor de artículos.

Adding a page break

3. Introduzca el título que desee dar a esta página en el parámetro "**Título de Página**" y haga clic en el botón "**Insertar salto de Página**".

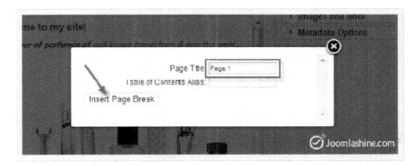

4. Eso es todo. Ahora verá una línea de puntos que muestra un salto de página dentro de tu artículo como en la captura de pantalla que mostramos a continuación.

Dotted line showing a page break

5. Haga clic en el botón "**Guardar**".

6. Puede ver en su sitio el resultado, se muestra una lista junto al artículo, sólo tiene que hacer clic en el título o "**Siguiente**" para entrar en la página.

Tenga en cuenta que:

• Usted puede agregar como tantos saltos de página como desee en su artículo.

• Puede eliminar el salto de página poniendo el cursor al final de la línea punteada y pulsando la tecla "Retroceso" en su teclado.

Añadir el enlace "Leer más"

Para añadir un enlace "**Leer Más**" es similar al proceso de agregar un salto de página.

1. Ponga el cursor en la posición donde desea dividir el artículo, normalmente se separa en una parte de introducción y la parte del contenido principal.

2. Haga clic en el botón "Leer Más " debajo del editor del artículo.

Insert a read more link

You will see a dotted line in red.

"Read more" dotted line

3. Mire hacia arriba y ajuste el parámetro "**Destacado**" a "**Sí**". De esta manera, hace que este artículo aparezca en la página principal del sitio web.

Featured article

4. Haga clic en el botón "**Guardar**" para finalizar.

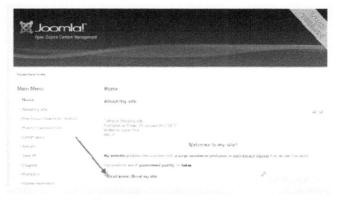

The article with read more link

Aquí está el artículo con un enlace de leer más en el front-end. Sólo tiene que hacer clic en el botón "Leer más ..." para leer el artículo completo.

Personalizar la web Joomla con Plantillas

¿Qué es una plantilla Joomla?

Como se mencionó antes, una plantilla es la presentación gráfica de su sitio web. La plantilla determina el diseño, colores, tipos de letra, gráficos y otros aspectos del diseño que hacen que su sitio sea único.

Hay dos tipos de plantillas: "**plantilla del Sitio**" para la presentación de front-end y "**plantilla de Administración**" para la presentación en el Back-end.

Plantilla del Sitio

Plantilla del sitio cambia la forma en que su sitio web se ve por los visitantes.

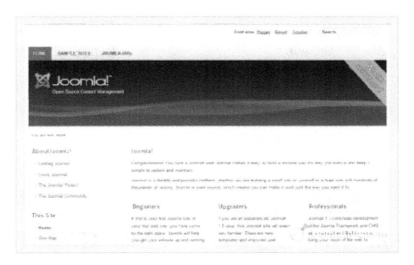

La mayoría de las veces, usted tendrá que lidiar con la plantilla de sitio para cambiar el aspecto y dar una sensación de sitio web profesional.

Plantilla de Administración

La plantilla de administración cambia la forma de la interfaz del administrador del Sitio Joomla.

Si está construyendo un sitio web, entonces probablemente nunca tenga que cambiar su plantilla de back-end. La plantilla de administración se suele usar cuando la construcción de sitios web son para clientes, en ese caso, es posible que tenga que personalizar un poco la plantilla de administrador para que se ajuste a lo que su cliente desea.

Elegir una plantilla Joomla

Los recursos de plantilla

La forma más rápida y fácil para diseñar su sitio web es comenzar con alguna plantilla existente de Joomla que halla disponible en Internet.

Recursos de plantillas gratuitas

La comunidad de Joomla ofrece miles de plantillas gratuitas para que elegir. Visite los sitios siguientes:

- http://www.joomla24.com
- http://www.joomlaos.de/
- http://www.bestofjoomla.com

Recursos de plantillas comerciales

Si puede conseguir algo de presupuesto para una plantilla, entonces le recomendamos que eche un vistazo a los siguientes proveedores de plantillas.

- http://www.joomlart.com
- http://www.rockettheme.com
- http://www.yootheme.com
- http://www.gavick.com
- http://www.joomlashine.com Buscando a través de Internet

Ahora puede buscar en Google con las palabras clave: "**Joomla Templates**" o "**Plantillas para Joomla**" y obtendrá unos 120 millones de resultados.

Criterios para elegir la plantilla adecuada

Podrá ver que hay una gran cantidad de plantillas de Joomla para elegir. Estos son algunos criterios que pueden ayudarle con la elección de la plantilla adecuada:
- **Compatibilidad**

¿Qué versión de Joomla soporta? Es mejor elegir una plantilla que soporta Joomla 2.5

- **Comercial o no comercial**

¿Quieres tener una plantilla de alta calidad y apoyo o tienes un presupuesto ajustado y tiene que ir con la plantilla de forma gratuita? Normalmente, las plantillas comerciales tienen mayor calidad, una documentación más completa y mejor soporte que las que no son comerciales.

- **Documentación**

¿Está bien documentada? ¿Logra entender todas las características que tiene? ¿Se le muestran las formas de personalizar la plantilla?

- Soporte ¿Hay soporte continuo a la plantilla? ¿Qué formas de soporte tienen? - Por teléfono, chat en vivo, foro...?

- **Diseño**

¿Coincide con la apariencia que desea para su sitio? Si es similar a su diseño deseado, No tendrá que pasar mucho tiempo para personalizarlo.

- **Características**

Las plantillas profesionales ofrecen muchas características, mientras que una gran cantidad de plantillas gratuitas ofrecen funciones limitadas.

Si es un usuario normal, una plantilla gratuita será una buena opción para usted. Sin embargo, si va a crear un sitio web de negocios, vale la pena gastar unos cuantos dólares en una plantilla comercial de un proveedor profesional.

No piense que está perdiendo dinero, ya que además de una plantilla de alta calidad, usted también consigue una buena documentación y soporte técnico. El tiempo que ahorra será mayor que el dinero gastado.

Instalación de plantilla en Joomla

Después de seleccionar una plantilla que nos guste en Joomla, es el momento de instalarla.

1. Ir a "**Extensiones**" => "**Gestor de Extensiones**"

2. Haga clic en el botón "**Examinar...**", busque el archivo de plantilla que ha descargado y haga clic en el botón "**Subir e Instalar**". Después de eso, recibirá una notificación que le informará de que la plantilla ha sido instalada correctamente.

3. Ahora que tiene su nueva plantilla instalada, es hora de aplicarla a su sitio web. Para ello vaya a "**Extensiones**" => "**Gestor de Plantillas**"

4. A continuación, seleccione la casilla de verificación junto a su plantilla nueva de Joomla y en el menú de arriba a la derecha, haga clic en el icono "Establecer como predeterminado", esto fijará el diseño de la plantilla seleccionada, como la plantilla por defecto de su sitio web Joomla.

5. Ahora, haga clic en el botón "**Ver sitio**" en el back-end para ver el front-end y comprobar que el sitio tiene el estilo definido por la plantilla que ha instalado.

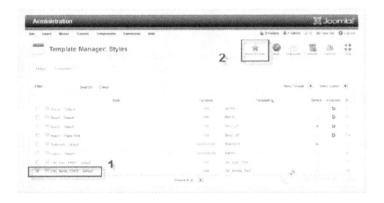

Posicionar los Módulos en las Páginas de Joomla

Como se mencionó anteriormente, el módulo realiza tareas simples y muestra su contenido como pequeños bloques que cuelgan alrededor de la página. Cada módulo se encuentra en una posición, es decir, el módulo "menú principal" se coloca en la posición "izquierda". Cada posición está diseñada para tomar algún punto en el diseño de página, es decir posición "izquierda" se coloca en el lado izquierdo del contenido principal. Cada plantilla puede tener muchas posiciones diferentes que se sitúan en varios puntos de la página.

Hay dos tipos de módulos: "**Módulo de Sitio**" para ser utilizado en el front-end y "**Módulo de Administración**" que son para back-end.

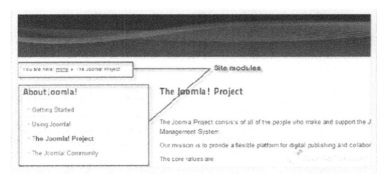

Site modules at front-end

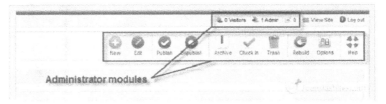

Ver las posiciones de los módulos de una plantilla

Es difícil de entender todas las posiciones de módulo en alguna plantilla con sólo mirar en la página web. Por suerte, Joomla proporciona una herramienta para el usuario para ver el contorno de todas las posiciones.

Vamos a ver cómo se usa:
1. Ir a **"Extensiones"** => "**Gestor de Plantillas**".
2. En el Administrador de plantillas, haga clic en el icono "**Opciones**" en la barra de herramientas.
3. A continuación, establezca el parámetro "**Vista Previa de Posiciones de módulos**" a "**Habilitado**" y haga clic en "**Guardar y Cerrar**"

4. Ahora, haga clic en la ficha "**Plantilla**"

5. En esta pantalla pop-up, se muestran todas las plantillas instaladas, por lo que habrá que desplazarse hacia abajo para ver la

plantilla **Beez_20**, haga clic en Vista previa para ver las posiciones de los módulos de esta plantilla.

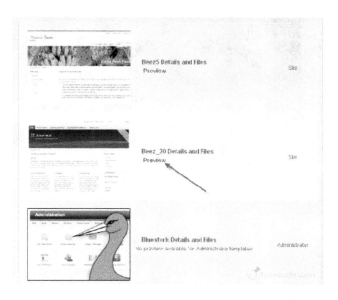

6. Se abrirá una nueva página en una nueva pestaña, esta página muestra todas las posiciones de módulo de la plantilla, como podemos ver en la figura siguiente.

Ahora puedes ver todas las posiciones de módulo de la plantilla. Esto le ayudará a elegir la posición correcta cuando se agrega un nuevo módulo.

Agregar un módulo nuevo a la página

Cuando esté familiarizado con el módulo de Joomla y el concepto de posición, querrá aprender sobre cómo agregar un nuevo módulo a su página web.

Familiarizarse con los módulos por defecto

Por defecto, Joomla viene con un montón de módulos listos para usar. Echemos un vistazo:

Los módulos de Usuarios

Estos módulos diseñados para la presentación de usuarios y de servicios:

- **Quien está en línea**: Este módulo muestra el número de invitados y usuarios registrados que se encuentran actualmente conectados al sitio web
- **Últimos usuarios**: Este módulo muestra los últimos usuarios registrados
- **Login**: Este módulo muestra un formulario con los campos de inicio de sesión Nombre de Usuario/Contraseña y algunos otros enlaces.

Los módulos de contenido

Son los módulos diseñados para la presentación de artículos

- **Últimos artículos**: Este módulo muestra una lista de los artículos publicados más recientemente y los que están en curso se ser publicados.
- **Contenido más leído**: Este módulo muestra una lista de los artículos publicados actualmente que tienen el mayor número de página visitas
- **Noticia de última hora**: Este módulo presenta una serie de artículos de una categoría basada en la fecha o en una selección aleatoria

- **Artículos relacionados**: Este módulo muestra otros artículos que están relacionadas con la que se está viendo actualmente
- **Archivo**: Este módulo muestra una lista de los meses naturales que contienen artículos archivados
- **Categorías del artículo**: Este módulo muestra las categorías de una categoría padre
- **Artículos categoría**: Este módulo le permite mostrar los artículos de una determinada categoría

Muestra los módulos

Los módulos diseñados para la presentación de contenidos ricos:
- **Custom HTML**: Este módulo le permite crear cualquier código HTML personalizado que desee.
- **Noticias a mostrar**: Este módulo permite la visualización de un feed sindicado
- **Pie de página**: Este módulo muestra el pie de Página del Sitio Web, como el copyright por ejemplo.
- **Imagen aleatoria**: Este módulo muestra una imagen aleatoria desde el directorio imagen que haya elegido
- **Los enlaces web**: Este módulo muestra una lista de los enlaces de la web en una categoría
- **Bandera**: El módulo de bandera se utiliza para mostrar los banners del Componente Banners

Módulos de Utilidad

Estos módulos fueron diseñados para realizar mini-tareas:
- **Búsqueda inteligente**: Este módulo proporciona una búsqueda utilizando el componente de búsqueda inteligente
- **Envoltura**: Este módulo muestra una ventana iFrame en una ubicación especificada
- **Cambiador de Idiomas**: Este módulo muestra los idiomas disponibles para el contenido y para que se pueda cambiar entre ellos

- **Buscar**: Este módulo mostrará un cuadro de búsqueda
- **Estadística**: Este módulo muestra información estadística sobre el servidor, los usuarios del sitio web, artículos, enlaces web, etc
- **Sindicato**: El módulo sindicato mostrará un enlace que permite a los usuarios tener un feed de tu sitio

Módulos de Utilidad

Estos módulos están diseñados para presentar la navegación web:
- **Menú**: Este módulo muestra un menú en el sitio
- **Breadcums**: Pasos para la navegación de los usuarios a través del sitio

Crear nuevo módulo

Ahora, vamos a ver cómo agregar un nuevo módulo.

1. Ir a "**Extensiones**" => "**Gestor de Módulos**", a continuación, haga clic en el botón "**Nuevo**" en la barra de herramientas.

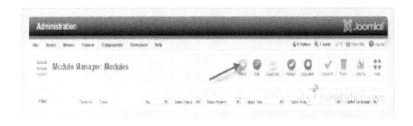

2. En la ventana emergente, seleccione el módulo que desea crear. Por ejemplo, vamos a crear el módulo "**Login**" para permitir a los usuarios acceder a sitio web.

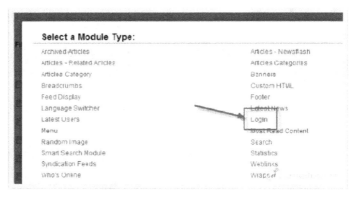

Select "Login" module

3. Ahora tiene que introducir los datos del nuevo módulo. No se olvide de seleccionar la posición en la que desea colocar el módulo.

4. Por último, haga clic en el botón "**Guardar y Cerrar**" para completar el proceso. Vamos a ver cómo se ve en el front-end

Ahora ya puede agregar más módulos con el mismo proceso.

Las Extensiones de Joomla

Como se mencionó antes, las extensiones están especialmente diseñadas para ser conectadas a Joomla con el fin de ampliar la funcionalidad del sitio web. Por ejemplo, si usted quiere tener una galería de fotos, galería de vídeos o una forma avanzada de contactos, entonces tendrá que instalar extensiones para esos fines. Para obtener información más detallada sobre las extensiones de Joomla, consulte la sección "¿Qué puedo hacer con Joomla?" => "Extensiones".

Por defecto, Joomla se distribuye con varias extensiones que cubren las necesidades básicas.
- **Banners**: Extensión para la gestión de banners y presentación.
- **Contactos**: Extensión para la gestión de contactos y la presentación de formulario de contacto
- **Newsfeeds**: Extensión para la gestión de RSS feeds y presentación
- **Redirección**: Extensión para gestionar redirecciones de URLs
- **Weblinks**: Extensión para la gestión de enlaces web y presentación

Echemos un vistazo más de cerca a cada una de las extensiones por defecto para entender cómo trabajar con extensiones de Joomla en general.

La extensión por defecto "Contactos"

En esta sección, aprenderá a utilizar la extensión para Joomla "**Contactos**". Esta extensión le permite crear formularios de contacto para que cualquiera pueda enviarle correos electrónicos o mensajes a usted.

Creación de categoría de contactos

Tenemos que crear contactos para usuarios y que se pongan en contacto a través de formularios. Sin embargo, para una mejor organización de contactos, primero tenemos que crear las categorías de contactos.

1. Ir a "**Componentes**" => "**Contactos**" => "**Categorías**"

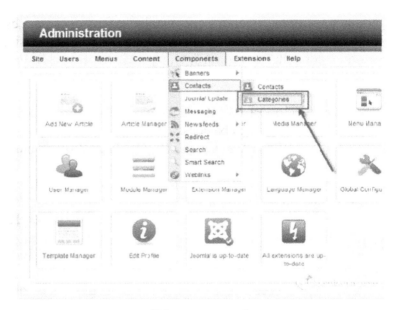

Click on contact categories

2. A continuación, haga clic en el botón "**Nuevo**" en la barra de herramientas para crear nueva categoría de contacto.

3. A continuación, rellene el título de la categoría del nuevo contacto, por ejemplo "Administradores de sitio web", y guárdelo haciendo clic en "**Guardar y Cerrar**".

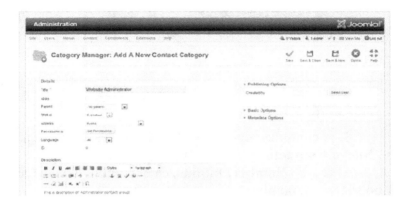

Crear nuevo contacto

Ahora, cuando las categorías de contacto están listos, es el momento de crear el contacto.

1. Ir a "**Componentes**" => "**Contactos**" => "**Contactos**"

2. A continuación, haga clic en el botón "**Nuevo**" en la barra de herramientas para crear un nuevo contacto.

3. A continuación, rellene los siguientes campos en la sección "**Nuevo Contacto**":
•	**Nombre**: Introduzca el nombre del contacto, que podría ser su nombre
•	**Categoría**: Elija la categoría que ha creado previamente

4. A continuación, en la sección "**Contacto**" en el lado derecho de la pantalla, ponga el nombre del correo electrónico de contacto en el parámetro "**Email**". Este parámetro es muy importante, ya que todos los datos recogidos del formulario de contacto serán enviados a esta dirección de correo electrónico.

5. Por último, haga clic en "**Guardar y Cerrar**" para guardar el contacto.

Creación del menú para mostrar el formulario de contacto

Ahora, cuando hemos creado un contacto, es el momento de crear la forma para que los usuarios puedan ponerse en contacto con nosotros.

1. Seleccione la opción del menú "**Menús**" => "**Menú Principal**" => "**Agregar nuevos elementos de menú**"

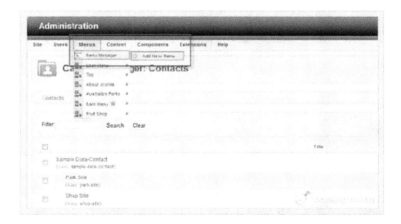

2. A continuación, haga clic en "**Seleccionar**" para seleccionar el tipo de elemento del menú.

Administration

Site | Users | Menus | Content | Components | Extensions | Help

Menu Manager: New Menu Item

Details

Menu Item Type   Select

Menu Title

Alias

3. A continuación, elija "**Contacto Simple**"

Select a Menu Item Type:

Contacts
List All Contact Categories
List Contacts in a Category
Single Contact
Featured Contacts

Smart Search
Search

Search
Search Form or Search Results

Weblinks
List All Web Link Categories
List Web Links in a Category
Submit a Web Link

Articles
Archived Articles
Single Article
List All Categories
Category Blog
Category List
Featured Articles
Create Article

Newsfeeds
List All News Feed Categories
List News Feeds in a Category
Single News Feed

Users Manager
Login Form
User Profile
Edit User Profile
Registration Form
Username Reminder Request
Password Reset

Wrapper
Iframe Wrapper

System Links
External URL

4. A continuación, cubra los datos del campo "**Menú Título**" con el título que desee, por ejemplo "Ponte en contacto conmigo".

5. A continuación, seleccione el contacto y haga clic en el botón "**Cambiar Contacto**"

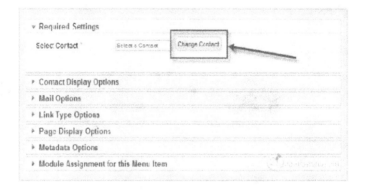

6. A continuación, haga clic en el contacto que creó previamente.

7. Por último, haga clic en "**Guardar y Cerrar**" para guardar esta opción de menú.

Ahora, vamos a ir a la página web front-end para ver el resultado. Mira el "Menú principal", verá elemento de menú "Ponte en contacto conmigo". Haga clic en él y verás formulario de contacto.

Hemos añadido un formulario de contacto para el sitio web. Este formulario se puede ajustar bastante más ya que disponemos de numerosas opciones para ello.

Ajustes adicionales

Ir a "**Contactos**" o "**Categorías**" y haga clic en el icono "**Opciones** " en la barra de herramientas.

En la ventana que aparece puede configurar todo tipo de parámetros que desee.

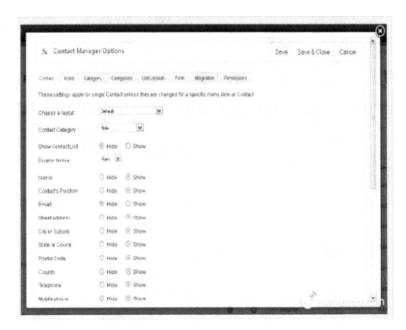

Añadir nuevas extensiones

Durante la evolución de su página web, usted querrá agregar más funcionalidades que irán más allá de las extensiones predeterminadas. En esta parte, vamos a ver qué extensiones puede agregar a su sitio web y cómo hacerlo.

Definición de extensiones para ser instaladas

Por supuesto, cada sitio tiene su propio propósito y no hay una lista que nos concuerde con nuestras necesidades específicas. Sin embargo, hay una cierta cantidad de extensiones que cada sitio web debe tener. Por ejemplo, galería de imágenes, galería de videos, creación de formularios, la integración con las redes sociales, la presentación en dispositivos móviles, etc.

Encontrar extensiones útiles

El mejor lugar para que usted encuentre extensiones útiles de Joomla es Joomla Extensions Directory (JED). Es un recurso inmenso con un gran número de extensiones de Joomla divididas en determinadas categorías basadas en la funcionalidad.

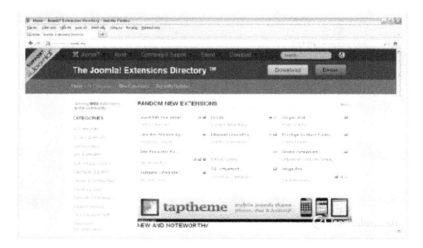

Todas las extensiones tiene una sección de votación y revisión, en la que comprobar y juzgar. Este directorio es moderado por equipo profesional y puede tener cierto nivel de confianza a los artículos publicados aquí.

Instalación de nuevas extensiones

Después de seleccionar y descargar las extensiones que piensa que son necesarias para su sitio web, lo que necesitará saber es cómo instalarlas y ponerlas a trabajar en su sitio web.

1. Ir a "**Extensiones**" => "**Gestor de Extensiones**"

2. A continuación, haga clic en "**Examinar**" para seleccionar el paquete de extensión de Joomla descargado

3. Después de eso, haga clic en "**Subir & Instalar**" para iniciar la carga e instalar este archivo en su sitio.

Joomla automáticamente reconoce el lugar adecuado para poner la extensión sobre la base de su tipo. Por ejemplo, si la extensión es un componente, usted lo verá en el menú "**Componentes**", si esa ampliación es un módulo, usted lo encontrará en el "**Gestor de Módulos**" y así sucesivamente.

JSN Image Show in Components

Desinstalación de extensión

Si has encontrado alguna extensión que no cumple con lo que necesita, no dude en desinstalarlo.

1. Ir a "**Extensiones**" => "**Gestor de Extensiones**" y haga clic en el "**Administrar**".

2. De entrada podrá ver la extensión completa o solo una parte de la extensión, para ello use el campo de texto "**Filtro**" y haga clic en el botón "**Buscar**".

3. Marque la casilla junto a la extensión que desee desinstalar y haga clic en el botón "**Desinstalar**" en la barra de herramientas.

Uninstall the extension

Comparativa de Joomla con Drupal y Wordpress

Joomla, **Drupal** y **Wordpress** son los tres Sistemas de Gestión de Contenidos (**CMS**) más utilizados en la actualidad. A su vez, son los tres sistemas que cuentan con mayores comunidades de desarrolladores, recursos, manuales e información.

¿Porque deberíamos trabajar con Joomla?

Vamos a ver las siguientes comparativas y luego usted podrá tomar su decisión sobre que CMS se ajusta más a sus necesidades

1. A nivel de **Programación** estas son las Características de los 3 CMS:

Joomla	Drupal	Wordpress
Modelo-Vista-Controlador (MVC)	Presentation-Abstraction-Control (PAC)	Application Program Interface (API)
Documentación Fair	Una buena documentación	Documentación Gran
MySQL, SQLServer, SqlAzure y Oracle	MySQL, PostgreSQL, SQLite	MySQL
PHP 5.2 +	PHP 5.2 +	PHP 4.3 +
Apache, Microsoft IIS	Apache, Microsoft IIS	Apache, Microsoft IIS

2. A continuación podemos ver este gráfico que representa en color granate el **uso** del CMS y en color lila la **cuota de mercado** que tiene cada CMS.

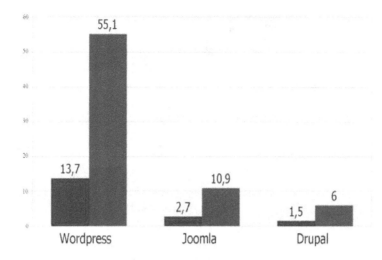

3. Comparamos ahora los CMS por su **capacidad de gestionar** los contenidos:

	Joomla	Drupal	Wordpress
Contenido	Artículos	Páginas	Páginas y Mensajes
Categorización	Categorías	Taxonomía	Categorías y Etiquetas
Extensiones	Componentes, Módulos y Plugins	Módulos y Bloques	Plugins y Widgets
Diseño	Posiciones	Regiones	Áreas Widget

4. Ahora comparamos lo que se llama la **curva de aprendizaje**.

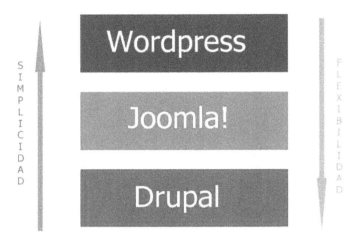

Entonces…¿porque elegimos Joomla para construir un sitio web? Joomla es un sistema muy versátil y con una gran comunidad como soporte técnico, lo cual nos proporciona una gran cantidad de recursos que otros CMS no pueden tener. Le haremos un resumen de puntos fuertes y débiles de los 3 CMS para que usted tener un conocimiento objetivo sobre este tipo de sistemas.

CMS	Curva Aprendizaje	Recursos	Flexibilidad Escalabilidad
Wordpress	Es el CMS más sencillo de manejar.	Tiene una comunidad muy amplia. Con numerosos plugins gratuitos y comerciales	Poco flexible: está muy orientado a la realización de Blogs. Poco escalable.
Joomla	Un poco más complejo que Wordpress pero perfectamente manejable para un usuario amateur.	Una de las comunidades más amplias. Extensiones, plantillas, módulos, plugins, puentes con otras aplicaciones.	Bastante Flexible: se puede construir muchas aplicaciones distintas y se pueden programar bastantes parámetros

Drupal	Es el CMS más complejo de manejar.	La comunidad está creciendo en estos momentos. Pero aún está muy lejos de las comunidades de Wordpress y Joomla.	Muy Flexible: permite programar prácticamente cualquier parámetro del CMS. Se pueden realizar todo tipo de aplicaciones.

Copia de Seguridad y Restauración de Joomla

Ahora vamos a ver como hacer copias de seguridad y restaurar joomla usando Akeeba Backup. Akeeba Backup es uno de las mejores aplicaciones de copia de seguridad de su instalación de Joomla. Es el más usado y es uno de los que mejores críticas recibe y además es gratis.

Primero descargue Akeeba Backup e instálelo como lo haría normalmente al instalar un módulo o componente. Inicie sesión en su sitio web como administrador e instálelo y luego configúrelo de acuerdo a sus necesidades.

URL de Akeeba Backup:

http://www.akeebabackup.com

Se recomienda utilizar el formato de compresión jpa. Es el formato de compresión utilizado por Akeeba Backup que mejores resultados da, si quiere ver más información para programar las copias de seguridad de una manera más profesional y detallada, puede consultar la documentación de Akeeba Backup en:

https://www.akeebabackup.com/documentation/akee ba-backup-documentation/archiver-engines.html

Después de haber configurado Akeeba Backup, vaya a **Componentes → Akeeba Backup** y haga clic en **Backup Now**.

1. Haga clic en **Akeeba Backup**

2. Haga clic en **Backup Now**

3. Haga clic en **Backup Now!** y puede introducir alguna descripción.

4. Ahora se muestra la copia de seguridad en proceso

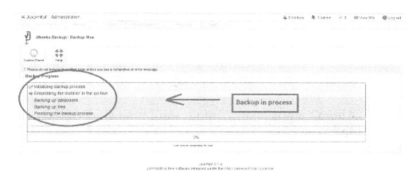

Procure no ir a otra página mientras está en el modo de copia de seguridad a menos que vea un error.

5. Administrar el archivo de copia de seguridad

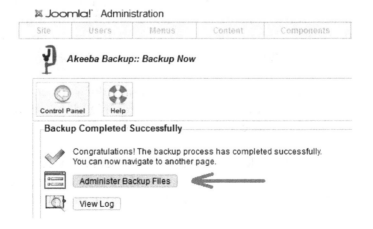

6. Ahora puede ver los detalles del archivo, incluyendo el tamaño y ahora ya puede descargar el archivo de copia de seguridad. Es preferible usar un cliente **FTP** para descargar los archivos desde el servidor

Como puede ver, realizar una copia de seguridad de su sitio web contraído con Joomla es muy sencillo.

Ahora vamos a ver cómo restaurar su sitio web en el mismo servidor:

1. Descomprima el archivo que ha descargado anteriormente, usando el extractor de Akeeba, comprima el contenido en un formato que el servidor puede leer, como por ejemplo. Zip. Procure utilizar únicamente el asistente del extractor de Akeeba si el archivo ha sido comprimido en formato APP.

2. Inicie sesión en el servidor y borrar todos los archivos de su sitio web joomla de la raíz de su sitio. Es muy importante que solo elimine los archivos y carpetas de joomla, y no otros archivos. Usted puede guardar una copia estos en otro lugar.

3. Cargue el archivo zip en su servidor y descomprima el contenido en la raíz de su sitio web joomla, donde eliminó anteriormente las carpetas y los archivos de joomla.

4. Después de desempaquetar el archivo, asegúrese de que todas las carpetas y los archivos están donde deberían de estar, o de lo contrario se producirán errores al iniciar el proceso de instalación

5. Ahora abra su navegador web y escriba la dirección URL de su sitio web joomla y siga las instrucciones en pantalla.

Asegúrese de seleccionar la opción para eliminar el directorio de instalación de forma automática.

El directorio de instalación ha sido eliminado, haga clic en **Aceptar**

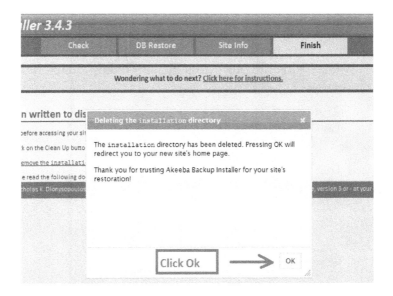

6. Eso es todo, su sitio web joomla debería de estar en funcionamiento. Es un proceso muy sencillo.

Bibliografía

Para la realización de este libro se han consultado los siguientes libros, documentos y páginas web:

- Joomla 2.5 Made Easy. Escrito por el Equipo de Joomlashine
- How to choose between Joomla, Drupal and Wordpress. Escrito por Marco Barbosa.
- http://www.joomlahispano.com
- http://www.ostraining.com
- http://www.wikipedia.org
- http://www.mbrsolutions.com

Espero que este libro le haya servido de ayuda para descubrir un poco mejor el mundo de las páginas web, y que haya podido comprobar, que no es necesario ser un programador web o diseñador gráfico profesional para poder construir una página web totalmente profesional y, sobre todo, funcional y de fácil manejo.

Autor: Miguel Ángel G. Arias
ISBN: 978-1490464169

www.ingramcontent.com/pod-product-compliance
Lightning Source LLC
Chambersburg PA
CBHW060948050326
40689CB00012B/2595